AF187075

Impressum
Verlag: BABADADA GmbH, Nedderfeld 112 , 22529 Hamburg
Geschäftsführer / Verlagsleitung: Harald Hof
Druck: Books on Demand GmbH, In de Tarpen 42, 22848 Norderstedt

Imprint
Publisher: BABADADA GmbH, Nedderfeld 112 , 22529 Hamburg, Germany
Managing Director / Publishing direction: Harald Hof
Print: Books on Demand GmbH, In de Tarpen 42, 22848 Norderstedt

escola

duɗal

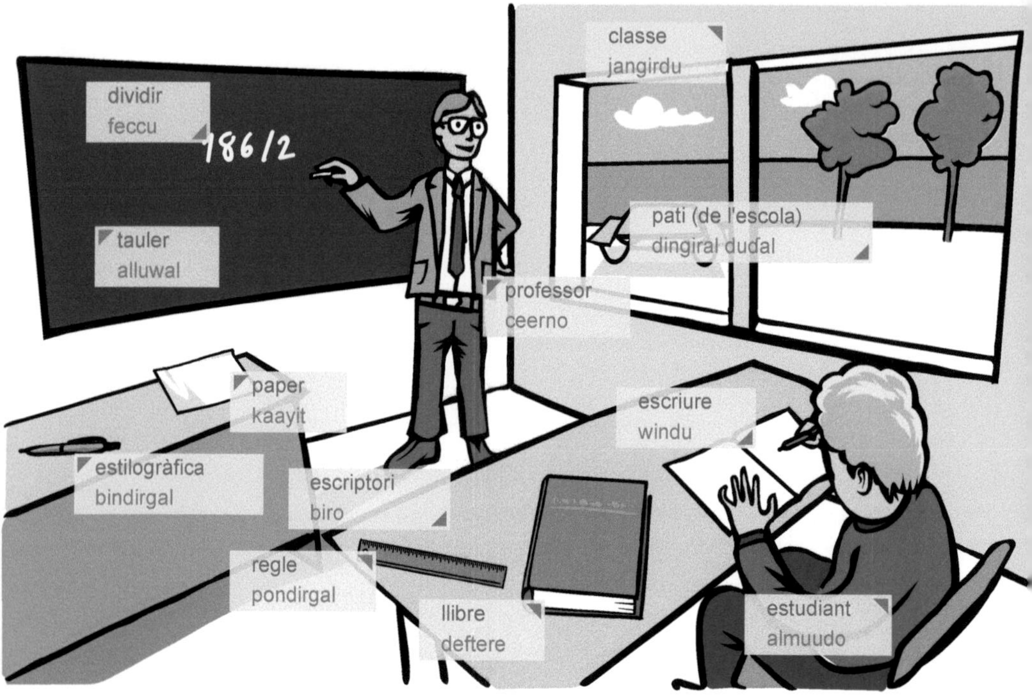
classe
jangirdu
dividir
feccu
186/2
tauler
alluwal
pati (de l'escola)
dingiral duɗal
professor
ceerno
paper
kaayit
escriure
windu
estilogràfica
bindirgal
escriptori
biro
regle
pondirgal
llibre
deftere
estudiant
almuudo

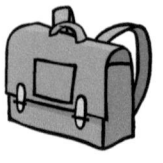

bossa

sakosel

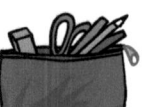

estoig

suudu kuɗol

llapis

kuɗol

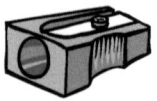

maquineta de fer punta

ceeɓnoowo kuɗol

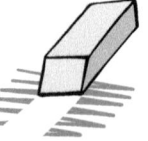

goma

momtirgal

bloc de dibuix

nokku diidirɗo

dibuix
diidgol

pinzell
diidirgal

capsa de pintures
suudu diidordu

tisores
sisooje

cola
kol

quadern d'exercicis
deftere softinorde

deures
coftinogol

nombre
tongoode

2+2

afegir
beydu

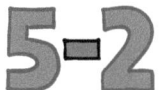

sostreure
ustu

multiplicar
hebbin

calcular
lim

lletra
bataake

ABCDEFG
HIJKLMN
OPQRSTU
VWXYZ

alfabet
hijju

mot
kongol

text
windande

llegir
jangu

guix
bindirgal

lliçó
darsu

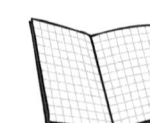

llibre de classe
windaade

examen
ÿeewtogol

certificat
ijaazi

uniforme escolar
wutte janirɗo

formació
jaŋde

enciclopèdia
ɗowitorde mawnde

universitat
jaaɓi haatirde

microscopi
mokoroskop

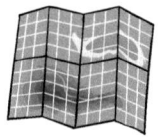

mapa
wertaango

paperera
siwo mbalis

viatge
ɗannaade

hotel
otel
Grand
alberg
hoɗirdu
ROOMS
EXCHANGE
oficina de canvi
nokku beccirɗo
maleta
woliis
automòbil
oto

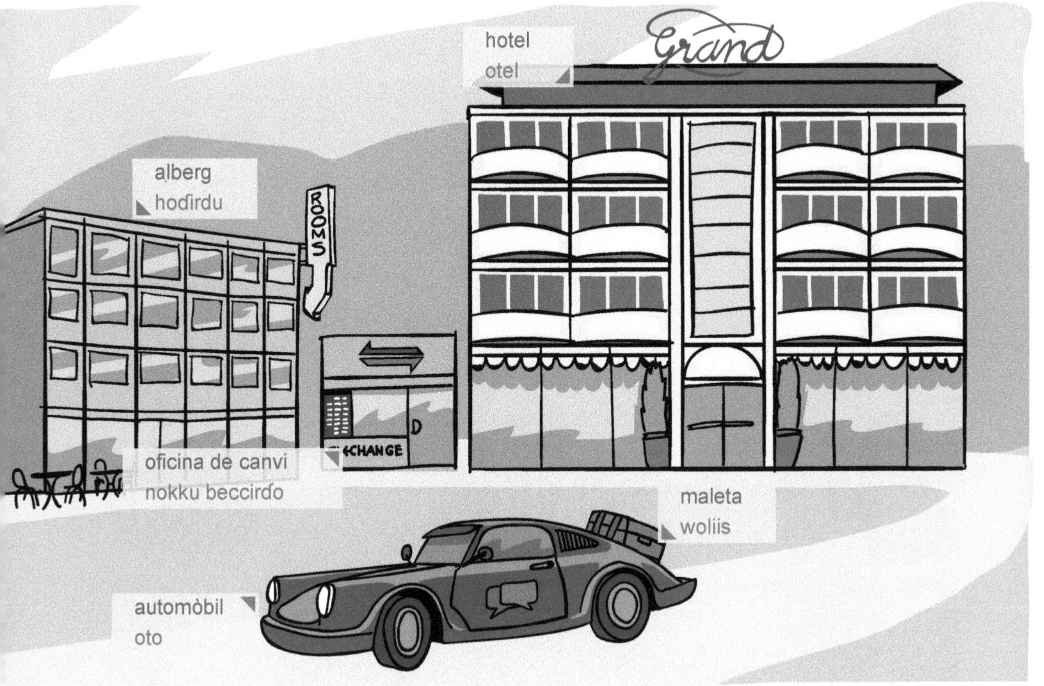

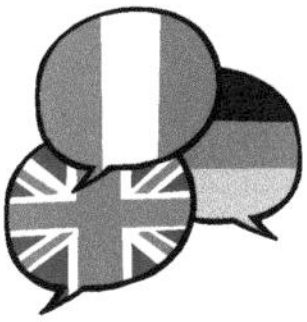

llengua

ɗemngal

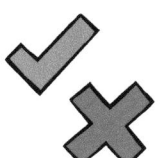

sí / no

ey / ala

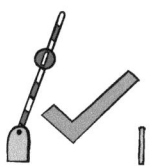

D'acord

Eyyo

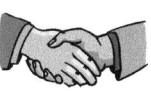

Ey!

mbaɗɗa

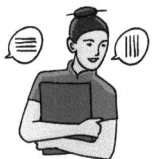

traductora

pirtoowo

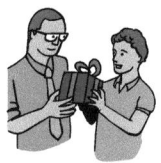

gràcies

jaraama

Quant costa… ?

hono foti…?

No entenc

mi faamaani

problema

satteende

Bona nit!

jam hiiri

bon dia!

jam waali

bona nit!

jam waal

fins aviat

baay baay

direcció

ngardiindi

bagatge

kaake

bossa

saak

sarrona

saak bakke

convidat

koɗo

cambra

suudu

sac de dormir

saak ɗaanorɗo

tenda

taanta

oficina de turisme

kabaaru jillotooɗo

platja

palaaz

carta de crèdit

kartal keredii

esmorzar

kasitaari

dinar

bottaari

sopar

hiraande

bitllet

tikkett

ascensor

suutde

segell

tembere

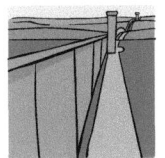

frontera

keerol

duana

soodooɓe

ambaixada

ambasaat

visat

wiisa

passaport

paaspoor

transport
yangarta

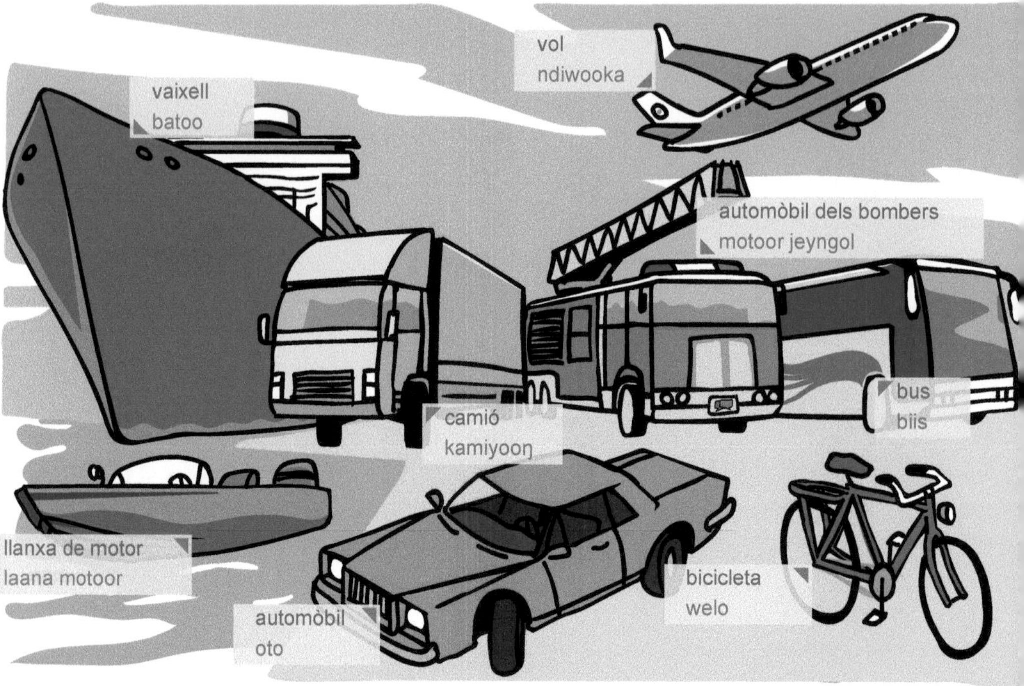
vaixell
batoo
vol
ndiwooka
automòbil dels bombers
motoor jeyngol
camió
kamiyooŋ
bus
biis
llanxa de motor
laana motoor
automòbil
oto
bicicleta
welo

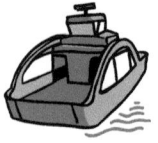

transbordador

baak

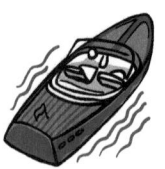

barca

laana

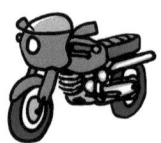

moto

welo motoor

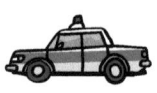

automòbil de policia

oto poliis

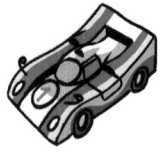

automòbil de curses

oto dandu

automòbil de lloguer

otoluwaaɗo

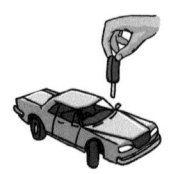

vehicle compartit

rendude oto

grua

lenge

camió de les escombraries

kamiyoon salo

motor

moto

benzina

gaas

benzineria

esaaseer

senyal de trànsit

maantorde tali

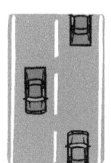

trànsit

tali

embús

bittugol tali

aparcament

darnirde oto

estació de trens

dartorde teree

vies

laabi

tren

teree

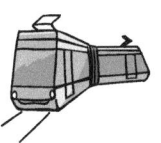

tramvia

taraam

vagó

nawgol

helicòpter

elikooteer

aeroport

aydapoor

torre

huɓeere

passatger

jahoowo

contenidor

kontaneer

capsa de cartó

kees

carretó

saret

cistella

siwo

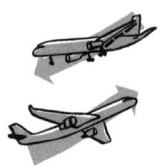

enlairar-se / aterrar

diw / tello

ciutat

wuro

poble

saare

centre de la ciutat

hakkunde wuro

casa

galle

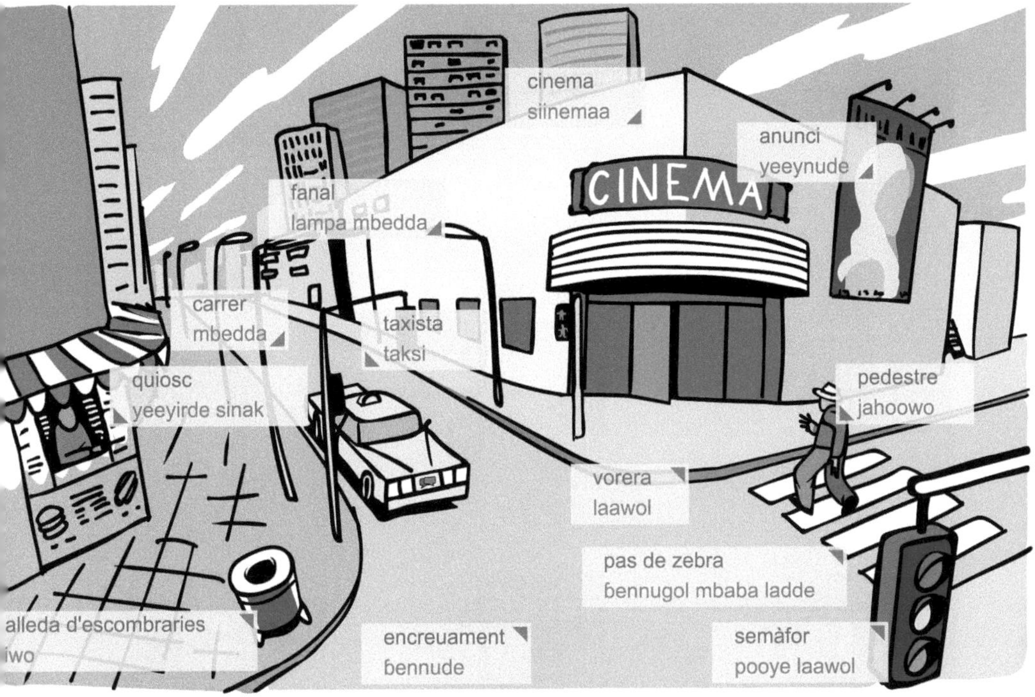

cinema
siinemaa

anunci
yeeynude

fanal
lampa mbedda

CINEMA

carrer
mbedda

taxista
taksi

quiosc
yeeyirde sinak

pedestre
jahoowo

vorera
laawol

pas de zebra
ɓennugol mbaba ladde

alleda d'escombraries
iwo

encreuament
ɓennude

semàfor
pooye laawol

cabana
....
tiba

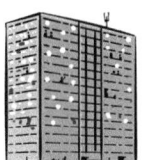

apartament
....
hoɗorde

estació de trens
....
dartorde teree

casa de la vila-ciutat
....
meeri

museu
....
miise

escola
....
duɗal

universitat

jaaɓi haatirde

banca

baŋke

hospital

safrirdu

hotel

otel

farmàcia

farmasii

oficina

gollorde

llibreria

yeeyirde defte

botiga

yeeyirde

floristeria

mo nehoowo leɗɗe

supermercat

duggere

mercat

jeere

gran magatzem

yeeyirde diiwaan

peixateria

mo gawoowo

centre comercial

nokku njeeygu

port

telloorde

parc
parka

banc
jooɗorde

pont
pooŋ

escala
ŋabbirɗe

metro
les leydi

túnel
laawol les

parada d'autobús
dartorde biis

bar
baar

restaurant
restoraaŋ

bústia de correu
suudu posto

senyal indicador
maantorde mbedda

parquímetre
meetorde parka

zoo
nehirde kulle

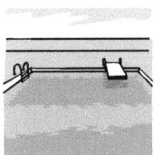

piscina
pisiin

mesquita
jumaa

granja
ngesa

pol·lució
bonande

cementiri
genaale

església
ekiliis

parc infantil
dingiral

temple
tempele

paisatge
satto

fulla
ɗerewol

cartell indicador
maantogal

camí
laawol

prat
paraad

pedra
haayre

excursionista
diwoowo

arbre
lekki

riu
caangol

gespa
huɗo

flor
baramlefol

vall
fongo

muntanya
tiwaande

llac
weendu

bosc
dundu

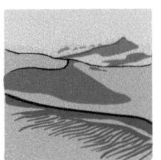

desert
ladde

volcà
wolkaaŋ

castell
hoɗorde

arc de Sant Martí
timtimol

bolet
wiiduru gaynaako

palmera
lekki koko

moscard
ɓongu

mosca
diw

formiga
ñuuñu

abella
ñaaku

aranya
njabala

escarabat

karaab

granota

paaɓa

esquirol

jiire

eriçó

nguru paaɓa

llebre

wojere

òliba

hooweere

ocell

ndiwri

cigne

kankaleewal

senglar

fowru

cervo

lella

ant

kooba

presa

baaraas

turbina

seɗa hendu

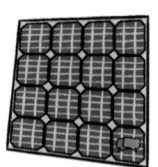

panell solar

mbeɗu naange

clima

kilimaaŋ

restaurant
restoraaŋ

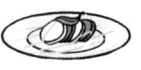

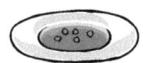

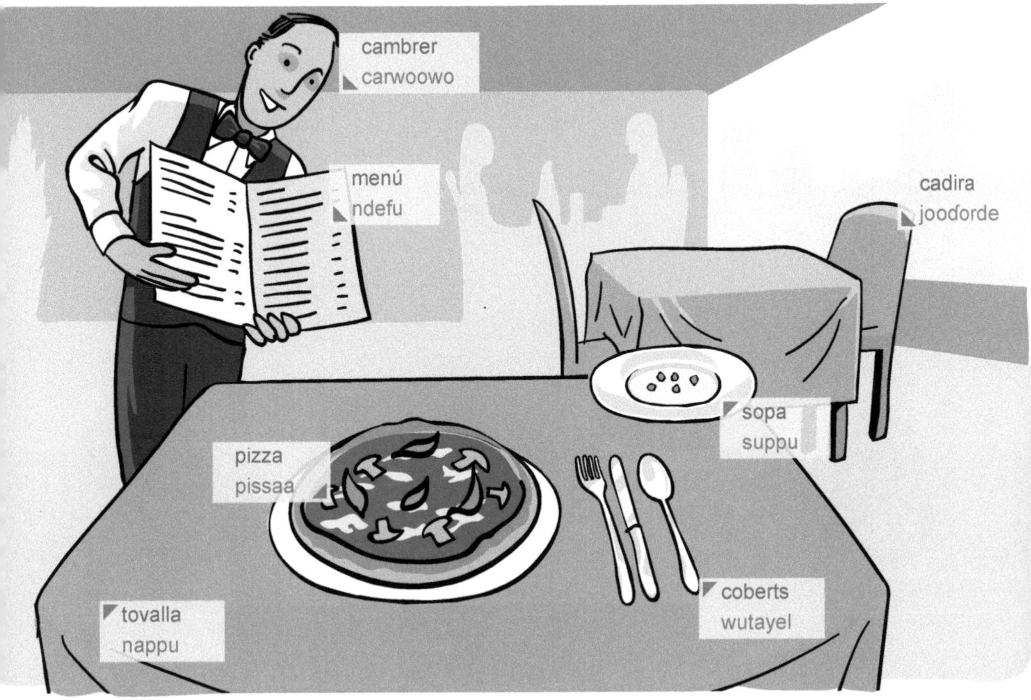
cambrer
carwoowo
menú
ndefu
cadira
jooɗorde
sopa
suppu
pizza
pissaa
coberts
wutayel
tovalla
nappu

primer plat

puɗɗorɗo

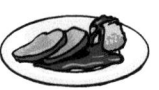

plat principal

barme mawɗo

darreries

deseer

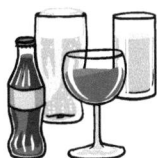

begudes

njarameeje

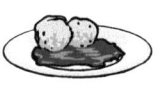

menjar

ñamri

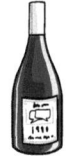

ampolla

bitel

menjar ràpid

fastfuut

menjar de carrer

ñaamde mbedda

tetera

pot ataaya

sucrer

taasa suukara

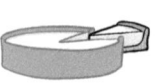

porció

geɗal

màquina d'espresso

masiŋ esperesoo

trona

jooɗorde toownde

factura

faktiir

plata

terey

ganivet

paaka

forqueta

fursett

cullera

kuddu

cullereta

kuddu ataaya

tovalló

torsooŋ

got

weer

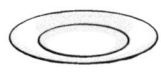

plat
palaat

plat de sopa
palaat suppu

plateret
coosoowo

salsa
soos

saler
pot lamdam

molinet de pebre
poobaar

vinagre
wineegar

oli
diwliin

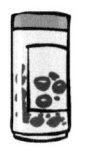

espècies
kaaniije

quètxup
ketsoop

mostassa
mutaarde

maionesa
maynees

supermercat

duggere

oferta especial
dokkal teentungal
client
coodoowo
productes lactis
deftel
fruites
ɓingel leggal
carret de la compra
saret
FOR

BUTCHERS

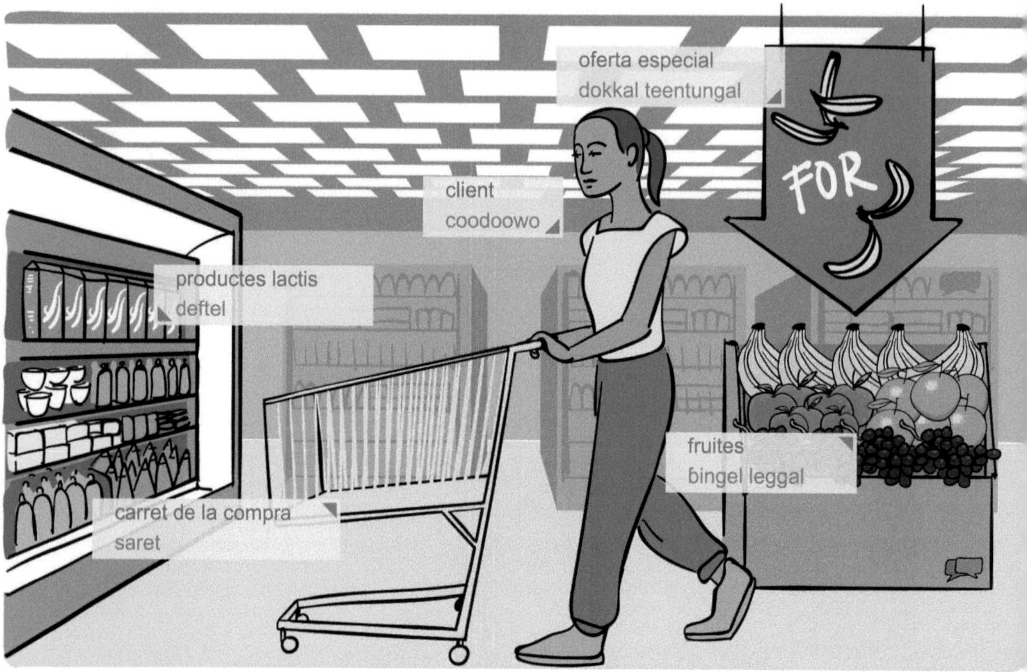

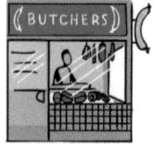

carnisseria

mo jeeyoowo teewu

BAKERY

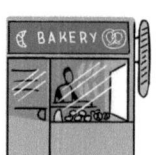

forn de pa

mo piyoowo mburu

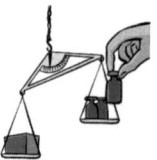

pesar

ɓett

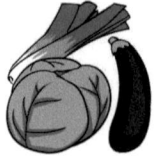

verdures

ɓiɓe leɗɗe

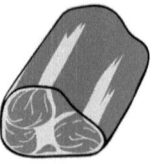

carn

teewu

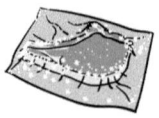

menjar congelat

ñamri fendiindi

carn freda

teewu ɓuuɓngu

conserves

ñamri

detergent en pols

omo

dolços

tangaleeji

articles domèstics

geɗe galle

productes de neteja

geɗe laɓɓinooje

venedora

jeeyoowo

caixa registradora

hippoode

caixera

ngaluyanke

llista de la compra

limo soodetee

horari d'obertura

waktuuji gudditeeɗi

portamonedes

kalbe

carta de crèdit

kartal keredii

bossa

saak

bossa de plàstic

saak dalli

aigua

ndiyam

suc

sii

llet

kosam

coca-cola

Koowk

vi

sangara

cervesa

sangara

alcohol

alkol

cacau

koka

te

ataaya

cafè

kafe

espresso

esperesoo

cappuccino

kaputsiino

banana

banaana

poma

pomere

taronja

oraaŋs

síndria

dende

llimona

limoŋ

pastanaga

karott

all

laac

bambú

bambuu

ceba

soblere

bolet

wiiduru gaynako

avellanes

gerte

fideus

kodde

espaguetis

espaketii

arròs

maaro

amanida

solaat

patates fregides

sipse

patates fregides

padaas pasnaaɗo

pizza

pissaa

hamburguesa

amburgoor

entrepà

sandiis

escalopa

tayre

cuixot

heltinde

salami

salaami

salsitxa

soosiis

pollastre

gertogal

rostit

juɗe

peix

liingu

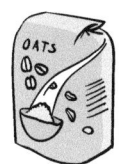

flocs de civada
....
karaw

musli
....
miyesli

cereals
....
butaali makka

farina
....
cafka

croissant
....
koraasaŋ

panet
....
loocol mburu

pa
....
mburu

torrada
....
mburu

bescuits
....
mbiskit

mantega
....
boor

mató
....
caakri

pastís
....
ngato

ou
....
boofoode

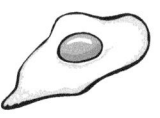

ou fregit
....
bofoode defaaɗo

formatge
....
formaas

gelat

kerem galaas

sucre

suukara

mel

njuumri

melmelada

piire

crema de xocolata

soosde sokola

curri

kiri

menjar - ñamri

granja
ngesa

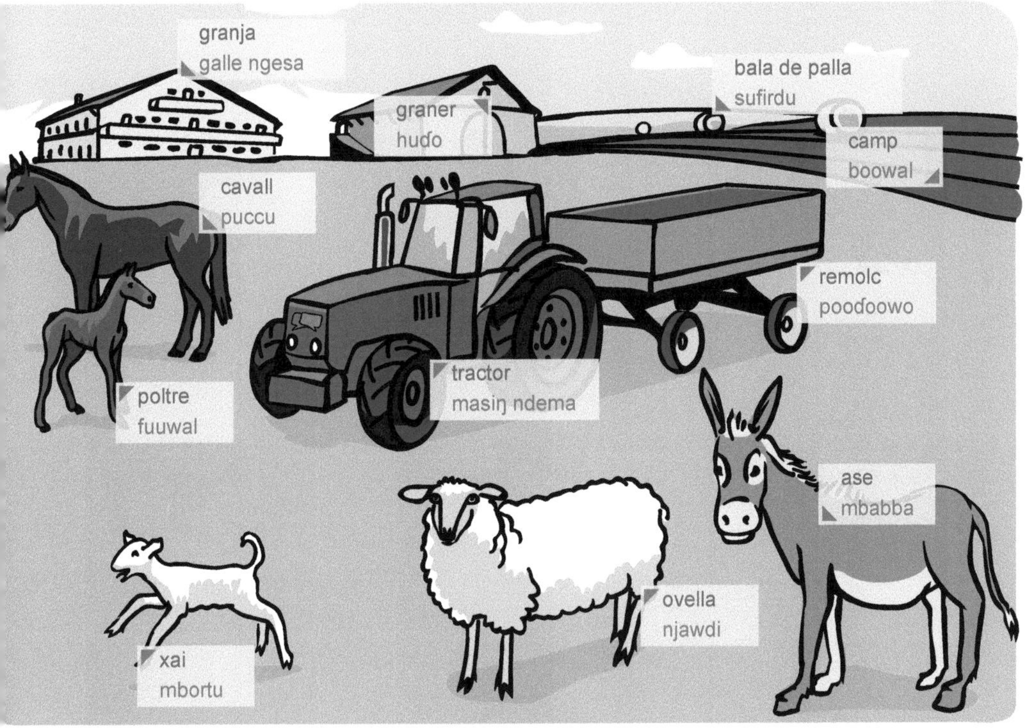
granja
galle ngesa
graner
huɗo
bala de palla
sufirdu
camp
boowal
cavall
puccu
remolc
pooɗoowo
tractor
masiŋ ndema
poltre
fuuwal
ase
mbabba
ovella
njawdi
xai
mbortu

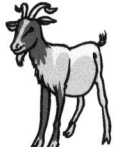

cabra

ndamndi

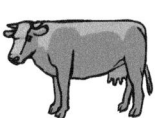

vaca

ngaari

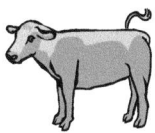

vedella

ñale

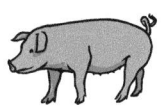

porc

mbaba tugal

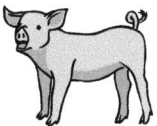

garrí

ɓingel tugal

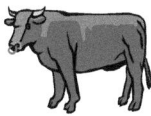

bou

ngaari

oca

jaawalal

ànec

jaawangal

poll

gertogal

gall

jarlal

gallina

ngori

rata

doombru

gat

ulluundu

ratolí

dombru

bou

ngaari

gos

rawaandu

gossera

suudu rawaandu

mànega de regar

lekki werte

regadora

bitel ndiyam

dalla

jalo

arada

jabbude

falç

wafdu

aixada

caga

forca

furset yettirɗo

destral

jambere

carretó

burwett

abeurador

jardugal

lletera

bitel kosam

sac

bonnude

tanca

heerorde

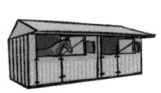

establa

dari

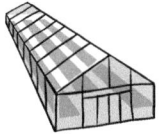

hivernacle

resofmaaŋ

sòl

leydi

llavor

aawdi

adob

engere

collidora

rendin coñoowo

collir

soñ

collita

coñal

nyam

ñambi

blat

ndiyamiri

soja

soozaa

patata

padaas

blat de moro o d'indi

makka

colza

aawdi adan

arbre fruiter

lekki ɓesnooki

mandioca

kasaawa

cereals

gawri

casa
galle

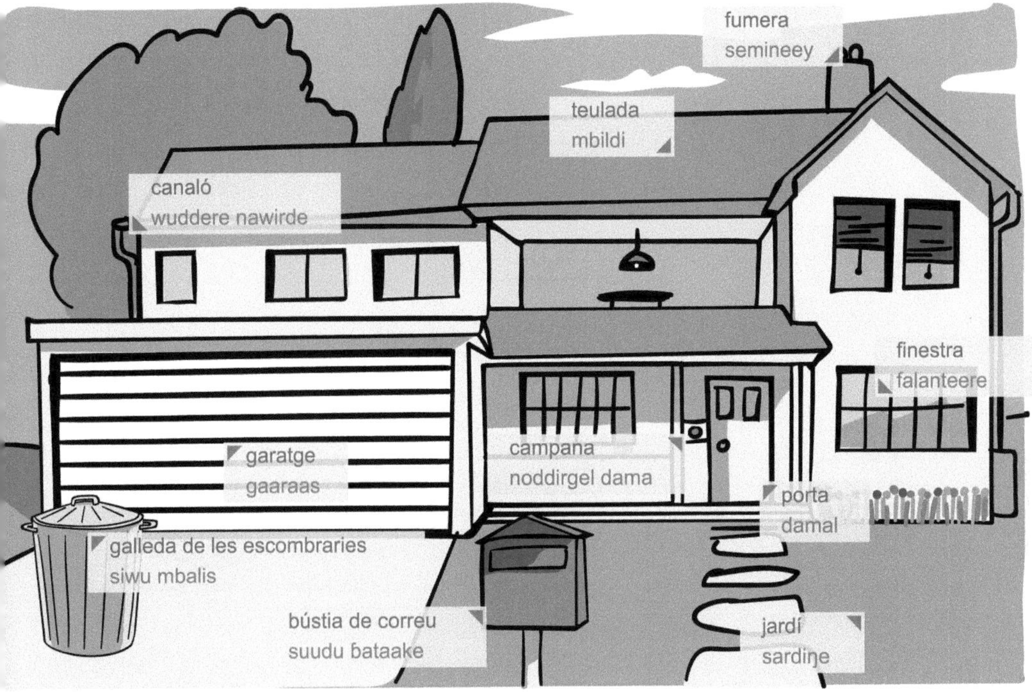
fumera
semineey
teulada
mbildi
canaló
wuddere nawirde
finestra
falanteere
garatge
gaaraas
campana
noddirgel dama
porta
damal
galleda de les escombraries
siwu mbalis
bústia de correu
suudu ɓataake
jardí
sardiŋe

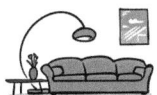

sala d'estar

saal

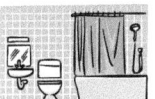

bany

lootorde

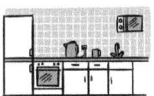

cuina

waañ

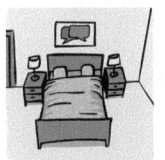

cambra de dormir

suudu lelteendu

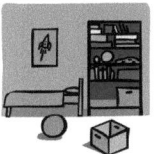

cambra de nen

suudu suka

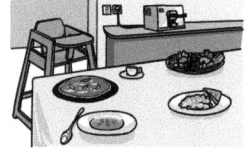

menjador

suudu hirtordu

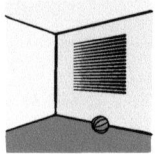

sòl
leydi

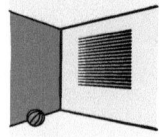

paret
miir

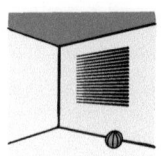

sostre
dira

soterrani
masiɲel

sauna
soona

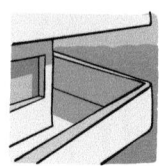

balcó
balkooŋ

terrassa
teeraas

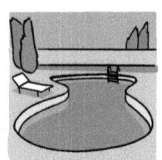

piscina
pisin

tallagespa
tondoos

vànova
kaayit

cobrellit
mbertanteeri

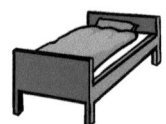

llit
lelnde

escombra
pittirɗe

galleda
siwoo

interruptor
waylu

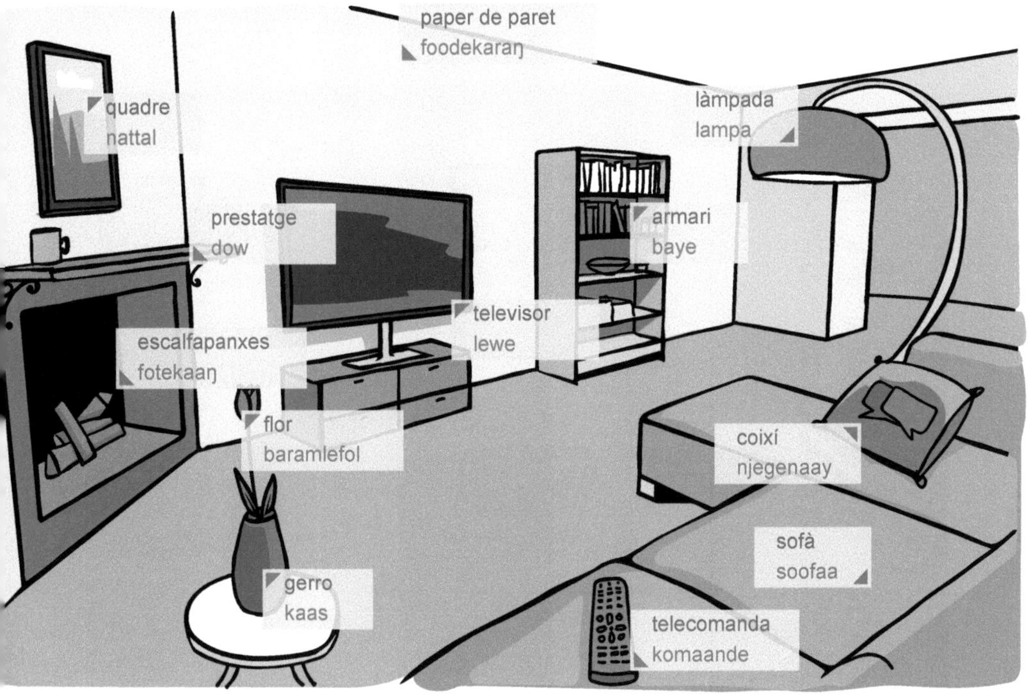

paper de paret
foodekaraŋ

quadre
nattal

làmpada
lampa

prestatge
dow

armari
baye

televisor
lewe

escalfapanxes
fotekaaŋ

flor
baramlefol

coixí
njegenaay

sofà
soofaa

gerro
kaas

telecomanda
komaande

catifa
tappi

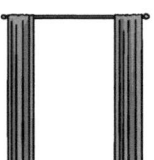

cortina
rido

taula
taabal

cadira
jooɗorde

cadira gronxadora
jooɗorde timmunde

cadiral
tuggorde

llibre

deftere

llençol

suddaare

decoració

cinki

llenya

docotal

film

filmo

cadena de música

kuutorɗe hi-fi

clau

caabi

diari

jaaynde

pintura

pentiirde

cartell

posteer

ràdio

haalirde

bloc de notes

deftel mooftirgel

aspiradora

ŋabbude

cactus

siwo lekki

candela

sondel

cuina
waañ

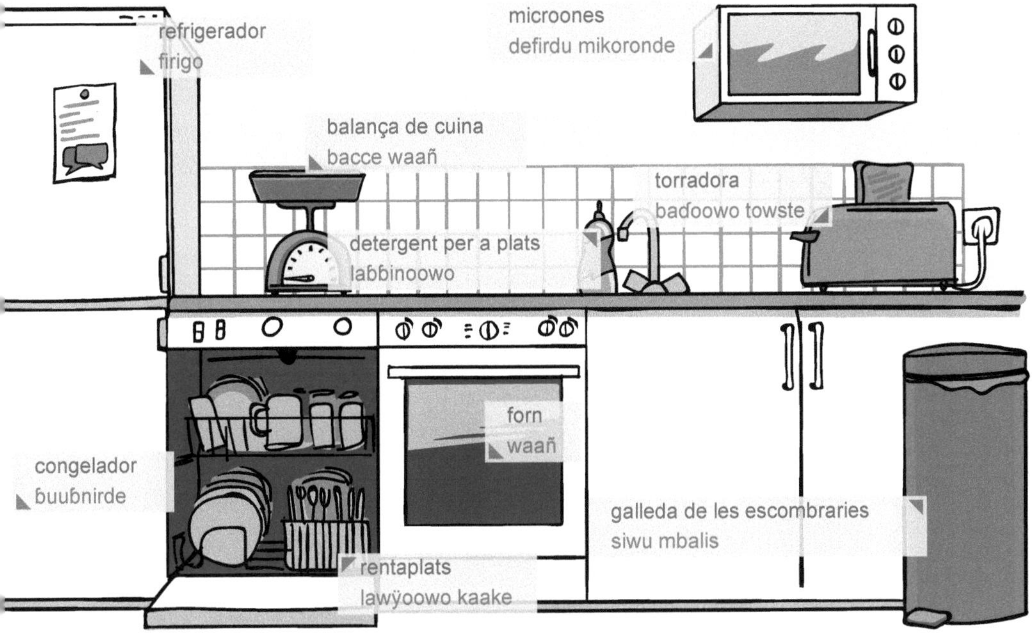

refrigerador
firigo
microones
defirdu mikoronde
balança de cuina
bacce waañ
torradora
baɗoowo towste
detergent per a plats
labbinoowo
forn
waañ
congelador
ɓuuɓnirde
galleda de les escombraries
siwu mbalis
rentaplats
lawÿoowo kaake

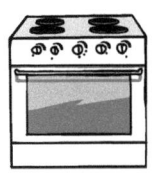

cuina de fogons

defoowo

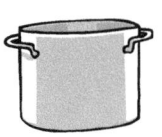

olla

pot

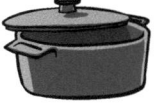

olla de ferro colat

pot baɗɗo njamdi

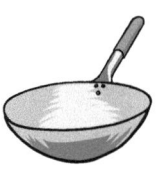

wok / karahi

lehel

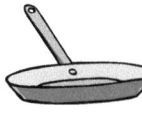

paella

lahal

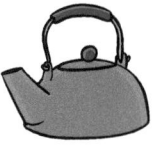

bullidor

baraade

olla de vapor

gulnoowo

plata de forn

fuur cumirɗo

vaixella

wiisirde

tassa grossa

kaas

bol

taasa

bastonets xinesos

bakett

culler

heɗirde

espàtula

kuundal

batedor

burgal

colador

gulnirɗo

sedàs

pool

ratllador

koosoowo

morter

wowru

barbacoa

njuɗu

foc a terra

lewlewndu

taula de tallar

alluwal tayirgal

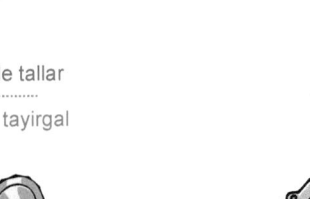

corró

dullirgal

llevataps

tenaay

pot de conserva

potyel

obridor

udditirɗo potyel

agafador

jaggoowo pot

aigüera

lawÿirde

raspall

borisde

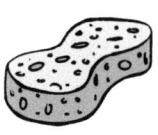

esponja

epoos

batedora

jiiɓoowo

congelador

firigo juutɗo

biberó

bitel tiggu

aixeta

robine

bany
lootorde

calefacció
wulnude
dutxa
ɓuftogol
tovallola
sarbet
cortina de dutxa
rido ɓuftorde
bany de bombollles
sumbu lootorɗo
banyera
nokku lootorɗo
got
weer
rentadora
masiŋ guppirɗo
aixeta
robine
rajoles
biifi
orinal
woppirde
aigüera
lawÿirde

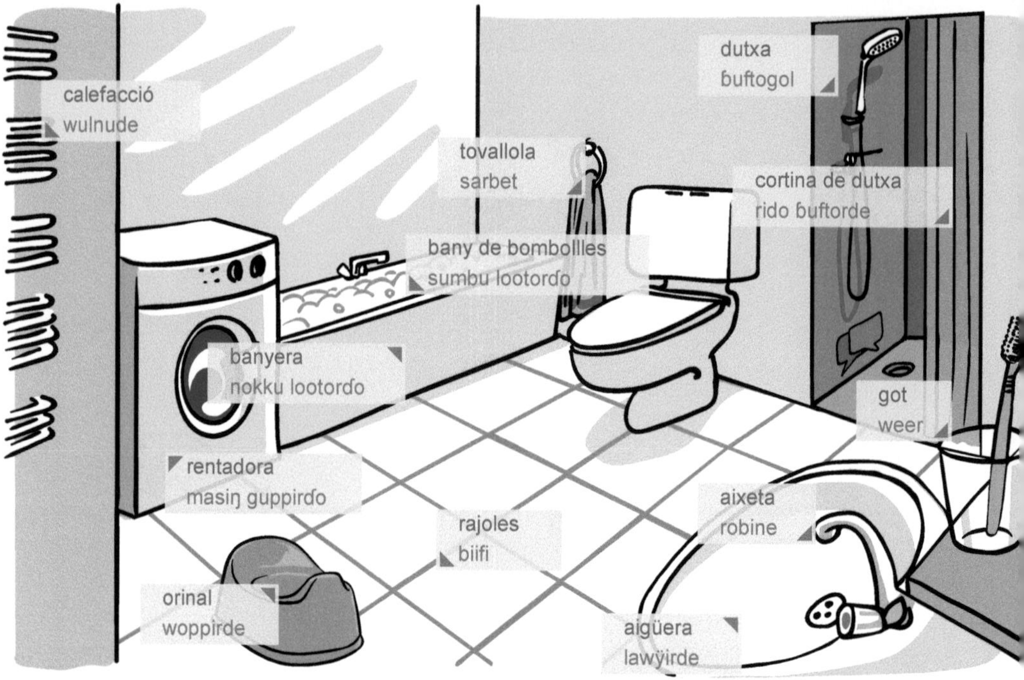

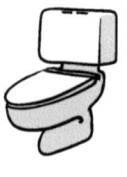

lavabo
heblorde

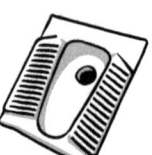

lavabo turc
yaltirde les

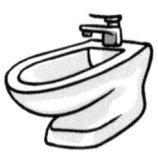

bidet
yaltirde

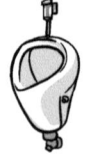

orinador
soofirde

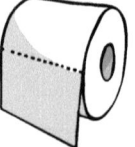

paper higiènic
kaayit heblorde

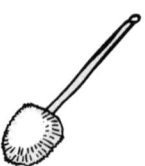

escombreta de sanitari
boros heblorde

raspall de dents

boros ñiiÿe

pasta de dents

pat cocorđo

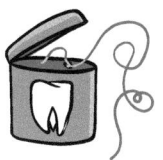

fil dental

cocorgal

rentar

lawyu

pom de dutxa

đuftorde jungo

dutxa íntima

jampe

rentamans

taasa

raspall per a l'esquena

boros keeci

sabó

saabunde

gel de dutxa

nebam đuftorde

xampú

sampoye

manyopla de bany

lootogel

bonera

yupude

crema

mileen

desodorant

lati

mirall

daarogal

mirall-espill de mà

daarogal jungo

maquineta de rasar

rasuwaar

espuma de barbejar

sumbu pemborɗo

loció post-rasada

lallitirde

pinta

koomu

raspall

boros

eixugador

yoorno hoore

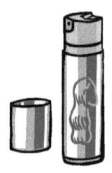

laca

uurna hoore

maquillatge

makiyaas

pintallavis

lippo

esmalt d'ungles

emaaye segene

cotó

wiro

tallaungles

sisooje segene

perfum

parfooŋ

estoig de bellesa

saawdu lawyirdu

tamboret

kuudi

bàscula

bacce ɓetirde

barnús

wutte lootorɗo

guants de goma

kawaseeje dalli

compresa higiènica

tampooŋ

compresa

sarbet laɓɓinoorɗo

sanitari químic

lootogol cellungol

cambra de nen
suudu suka

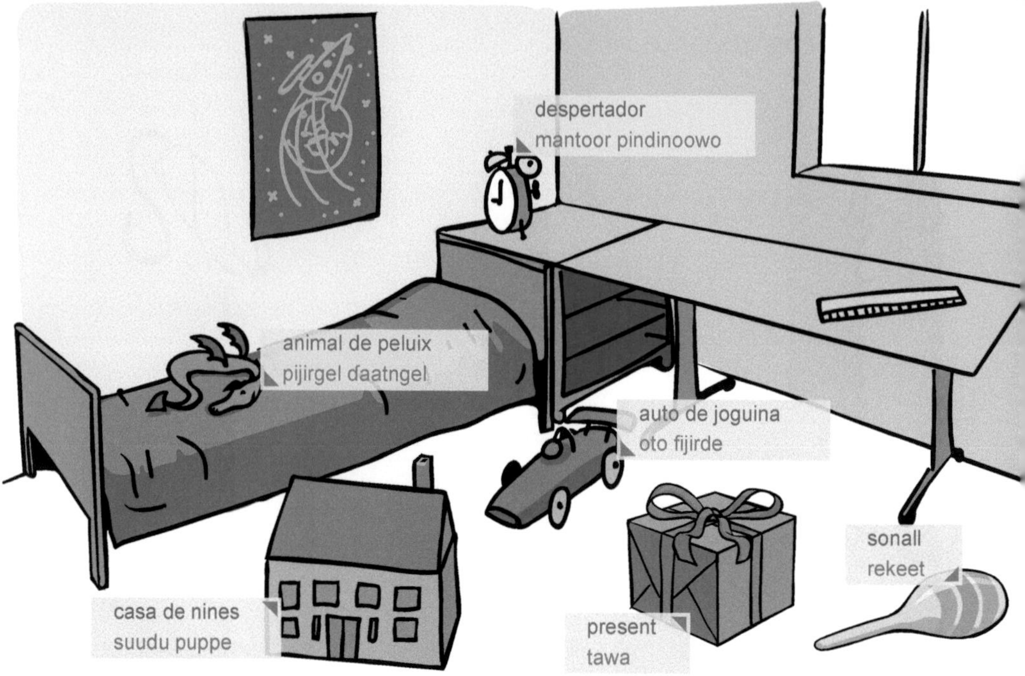

despertador
mantoor pindinoowo
animal de peluix
pijirgel ɗaatngel
auto de joguina
oto fijirde
sonall
rekeet
casa de nines
suudu puppe
present
tawa

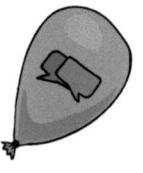

baló

baloon

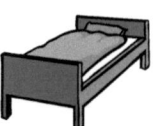

llit

lelnde

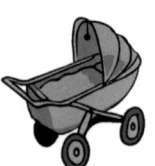

cotxet per a nens

puus puus

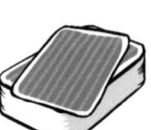

joc de cartes

taabal karte

trencaclosca

juwirgal

SUPER
MEGA

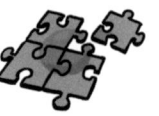

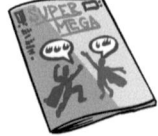

historieta

jalnii

peces de lego

tuufeeje lego

peces de construcció

kaaÿe maadi

ninot d'acció

pijirgel suka

granota

wutte suka

frisbee

mbiifu

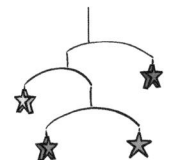

mòbil per a bressol

noddirgel

joc de taula

fijirde alluwal

daus

dee

tren elèctric

tereŋ jahiroowo batiri

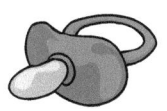

xumet

ɗaayɗo

festa

hiirde

llibre de dibuixos

deftere natte

pilota

bal

nina

puppe

jugar

fij

sorrera

ngaska leydi

gronxador

yirlude

joguines

pijirɗe

consola de jocs de vídeo

fijirde widoo peley

tricicle

biifi tati

osset de peluix

uluundu pijirgel

armari

woliis

roba

ɓoornogol

mitjons

kawaseeje

mitges

baardinirɗi

mitja pantaló

dogirɗi

tapacoll
muurnorde

paraigua
paraseewal

camiseta
tiset

cintura
dadorde

botes
bataaje

plantofes
pade joodorde

sabates d'esport
dogirde

sandàlies
caraax

sabates
pade

botes de goma
bataaje dalli

calçonets
cakkirdi

sostenidor
site ŋoos

guardapits
weste

jjustacòs

ɓandu

pantalons

tuuba

jeans

jiin

faldeta

sippu

brusa

buluus

camisa

wuttel

jersei

piliweer

dessuadora

njallaaba

blazer

balaseer suka

jaqueta

jakett

mantell

sabandoor

impermeable

wutte tobo

vestit de dona

kossim

vestit de dona

robbo

vestit de núvia

wutte cuddungu

vestit d'home

cakkirɗo

camisa de dormir

robbo baaldudo

pijama

baaludi

sari

sari

mocador de cap

fiilorde

turbant

kaala

burca

misoor

caftan

haftan

abaia

abaaye

vestit de bany

lumborɗo

calçon(et)s de bany

ledɗe

pantalons curts

kilooti

xandall

dewirɗi

davantal

aparooŋ

guants

kawase

botó
nebbu

ulleres
lone

braçalet
jawo

collaret
cakka

anell
feggere

orellera
hootonde

casquet
laafa

penjador
jaggirgal sabandoor

capell
kufna

corbata
karwaat

cremallera
korsude

casc
tengaade

elàstics
jawe

uniforme escolar
wutte jaɲirɗo

uniforme
dadorɗo

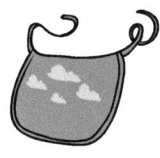

pitet

nappu suka

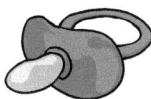

xumet

ɗaayɗo

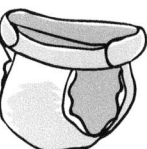

bolquer

fooftini

oficina

gollorde

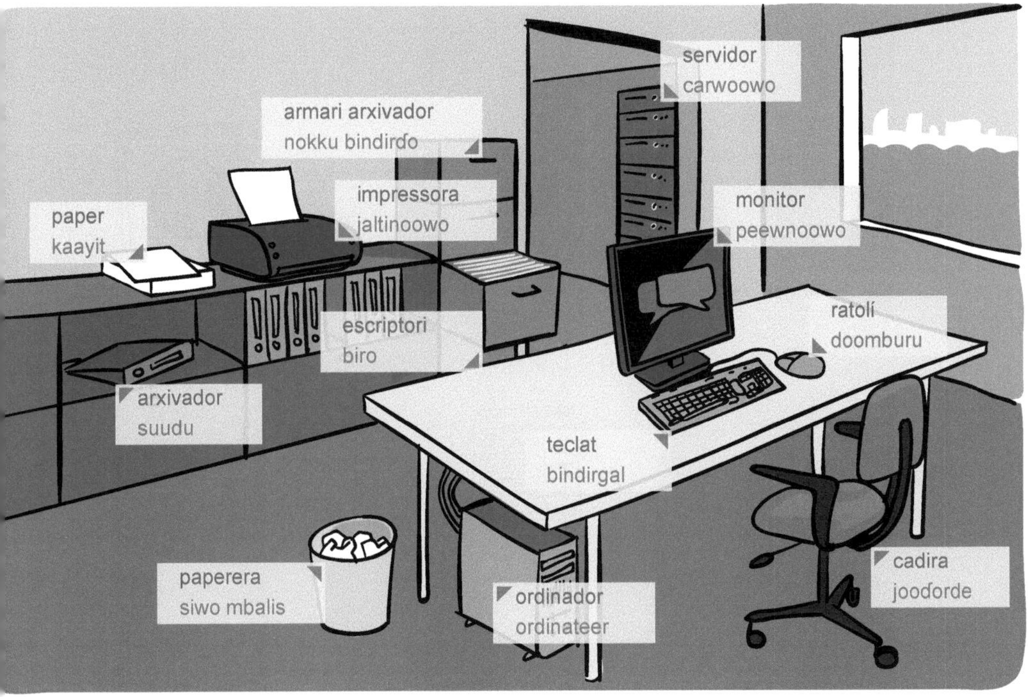
servidor
carwoowo
armari arxivador
nokku bindirɗo
impressora
jaltinoowo
paper
kaayit
monitor
peewnoowo
ratolí
doomburu
escriptori
biro
arxivador
suudu
teclat
bindirgal
paperera
siwo mbalis
cadira
jooɗorde
ordinador
ordinateer

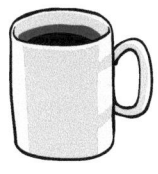

tassa de cafè

koppu kafe

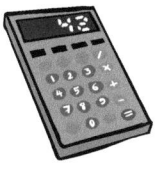

calculadora

tongirde

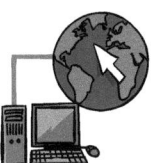

Internet

enternet

ordinador portàtil

ordinateer

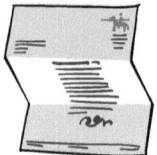

lletra

bataake kaayit

missatge

bataake

mòbil

noddirgel

xarxa

jokkondiral

fotocopiadora

nandinoowo

programari

kuutorgel

telèfon

noddirgel

presa de corrent

piriis

fax

masiŋ faksii

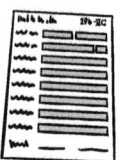

formulari

sifaa

document

kaayit

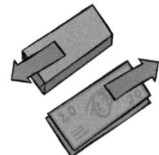

comprar
....
sood

pagar
....
yob

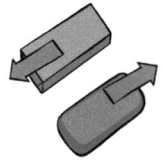

comerciar
....
yeey

diners
....
kaalis

dòlar
....
dolaar

euro
....
oro

ien
....
yeen

ruble
....
ruubal

franc suís
....
siiwis farayse

renminbi
....
yuwaan renminbi

rupia
....
ruppii

caixa automàtica
....
nokku ngalu

oficina de canvi

nokku beccirɗo

or

kaŋe

argent

kaalis

petroli

peteroŋ

energia

doole

preu

coggu

contracte

jokkondiral

impost

lempo

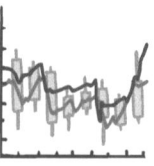

acció

jeyii

treballar

liggo

treballador

liggotooɗo

empresari

ligginoowo

fàbrica

isin

botiga

yeeyirde

oficis
golle

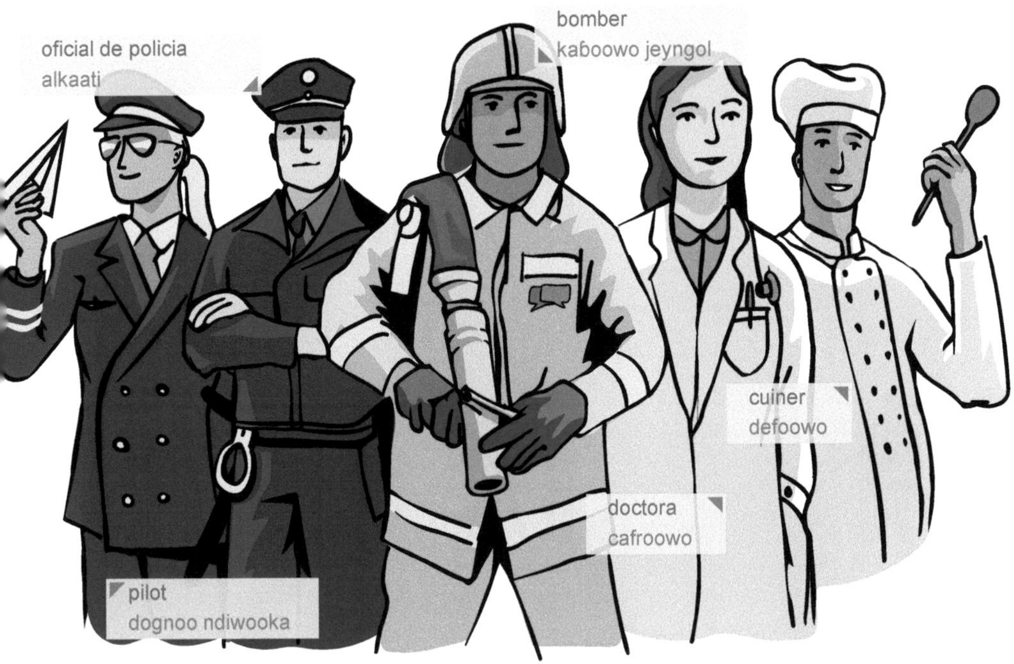
oficial de policia
alkaati
bomber
kaɓoowo jeyngol
cuiner
defoowo
doctora
cafroowo
pilot
dognoo ndiwooka

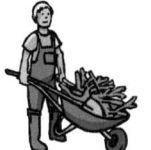

jardiner

mooftoowo

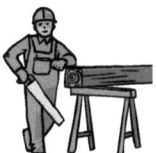

fuster

meniise

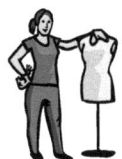

costurera

gawoowo debbo

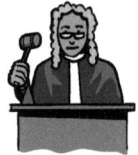

jutge

ñaawoowo

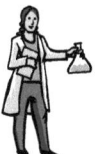

química

simiyanke

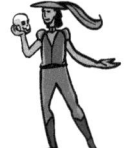

actor

aktoor

conductor d'autobús

diirnoowo biis

taxista

diirnoowo taksi

pescador

gawoowo

dona de la neteja

debbo pittoowo

ensostrador

biloowo

cambrer

carwoowo

caçador

baañoowo

pintor

diidoowo

forner

piyoo mburu

electricista

peewnoo jeyngol

obrer de la construcció

mahoowo

enginyer

eseñoor

carnisser

buusee

llanterner

polombiyee

correu

neɗɗo posto

soldat

soldaat

arquitecte

arsitekte

caixera

ngaluyanke

florista

ledɗeyanke

perruquer

mooroowo

revisor

diirnoowo

mecànic

peenoowo jamɗe

capità

gardiiɗo

dentista

safroowo ñiiÿe

científic

gando

rabí

babbiin

imam

almaami

monjo

muwaan

capellà

neɗɗo alla

eines

kuutorɗe

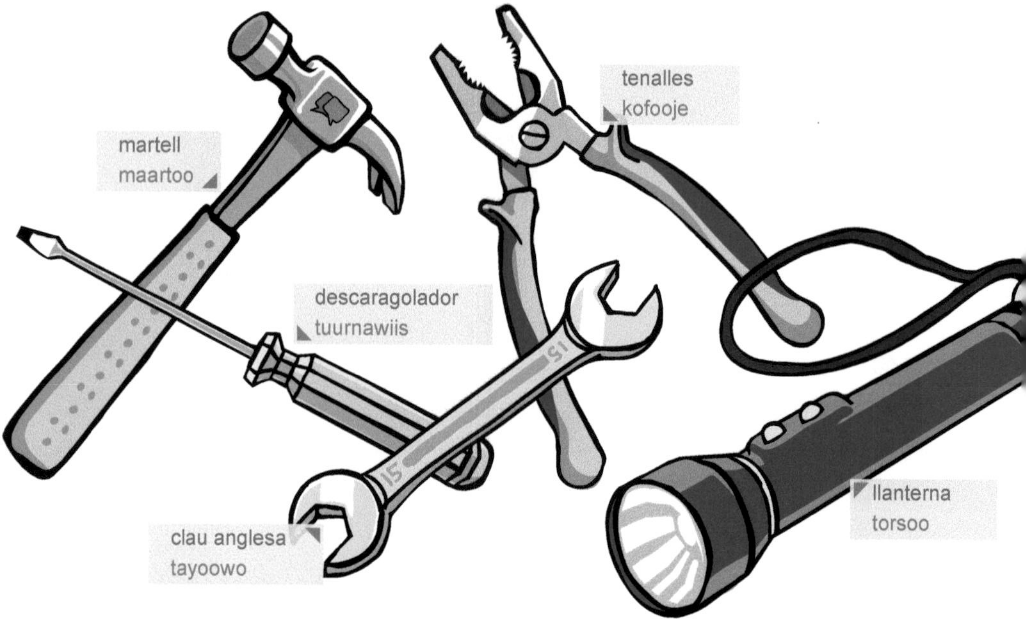

martell
maartoo
tenalles
kofooje
descaragolador
tuurnawiis
clau anglesa
tayoowo
llanterna
torsoo

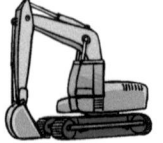

excavadora

ngasirdi

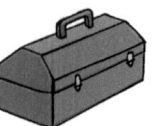

caixa d'eines

suudu kuutorɗe

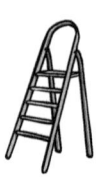

escala

seel

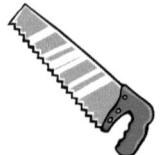

serra

siiy

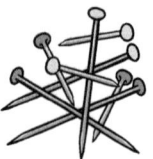

claus

pontooje

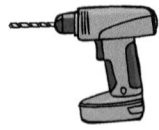

trepant

yuwirde

reparar
feewnit

pala
nokkirde

Maleït siga!
sooot

pala
peel

pot de pintura
pot diidirɗo

caragols
wiisuuji

instrument de música
pijirɗe

bateria
buuba

altaveu
nikoro

guitarra
gitaar

contrabaix
dubal baas

trompeta
allaadu

piano
piyaano

violí
ñaañooru

baix
baas

timbal
timpaan

tambor
bawɗi

teclat
bindirgal

saxofon
saksofooŋ

flauta
coolumbel

micròfon
haaldude

zoo
nehirde kulle

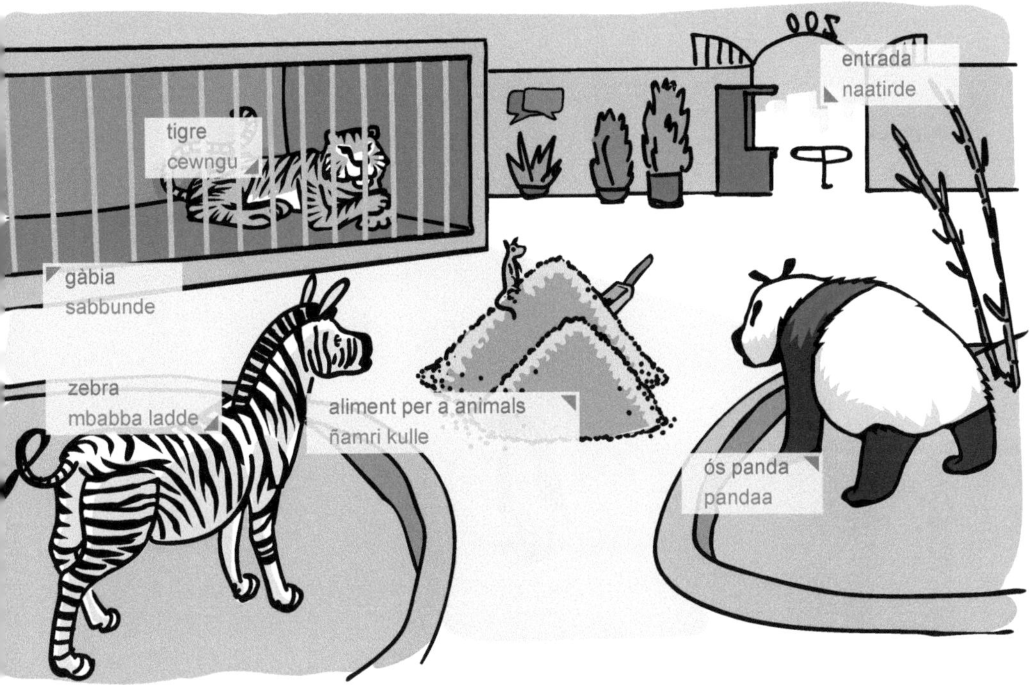
tigre
cewngu
entrada
naatirde
gàbia
sabbunde
zebra
mbabba ladde
aliment per a animals
ñamri kulle
ós panda
pandaa

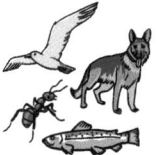

animals
kulle

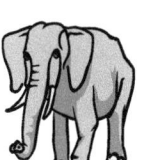

elefant
ñiiwa

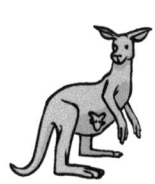

cangurú
kanguruu

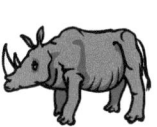

rinoceront
liwoongu

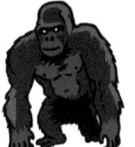

goril·la
waandu

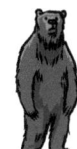

ós
fowru

camell

ngelooba

estruç

jaawagal

lleó

mbaroodi

simi

golo

flamenc

ñaarpural

papagai

seku

ós polar

fowru nees

pingüí

peŋwee

ca mari

reke

paó

ngoriyal

serp

mboddi

cocodril

nooro

guardià del zoo

deenoowo kulle

foca

liingu

jaguar

cewngu

poni

molel puccu

lleopard

cewlu

hipopòtam

ngabu

girafa

ñamala

àliga

ciilal

senglar

fowru

peix

liingu

tortuga

heende

morsa

morsee

guineu

daga

gasela

lella

futbol americà
fugu koyngel Amarik

ciclisme
welo

tenis
teniis

bàsquet
basket

natació
lumbaade

boxa
bokse

hoquei sobre gel
okey e galaas

futbol americà

fugu koyngel

bàdminton

badminton

atletisme

dogduuji

handbol

fugu jungo

esquí

eskiiy

polo

polo

activitats

golle

riure
jal
saltar
diw
abraçar
uurno
anar
yah
cantar
yim
somiar
hoyɗu
pregar
juul
fer un petó
ɓuuco

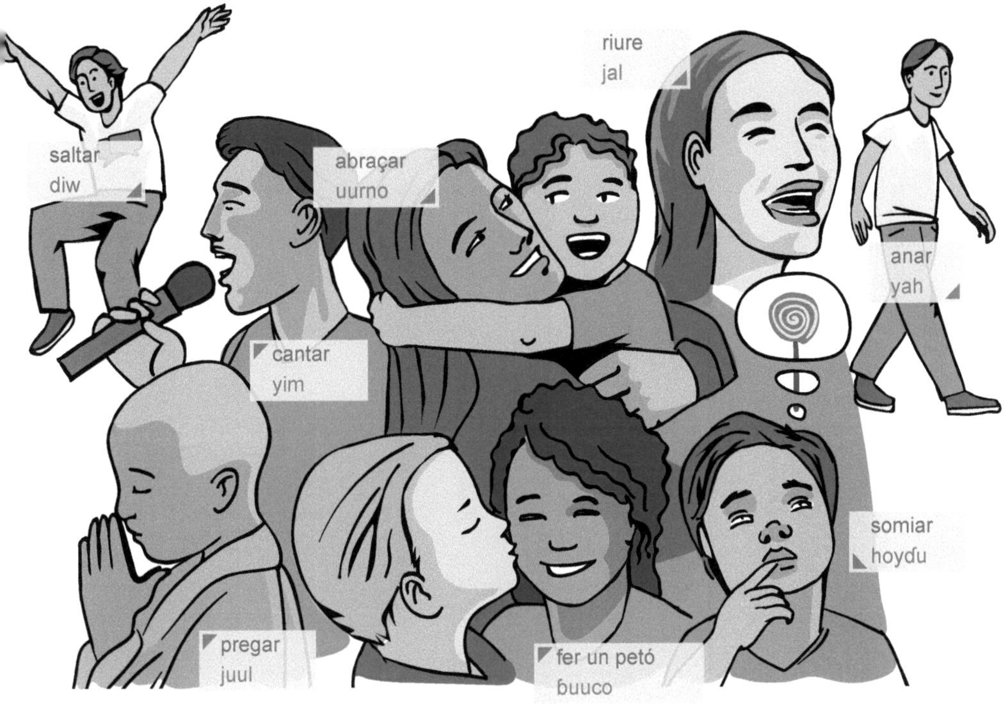

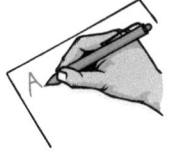

escriure

windu

dibuixar

diid

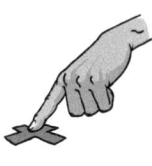

mostrar

hollu

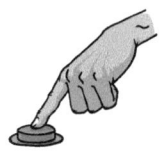

pitjar

duñ

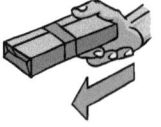

donar

rokku

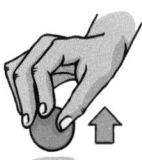

prendre

naw

tenir

jogo

fer

waɗ

ésser

won

estar dret

daro

córrer

dog

estirar

ittu

llançar

weddo

caure

yan

jeure

fen

esperar

fad

portar

naw

asseure's

jooɗo

vestir-se

boorno

dormir

ɗaano

despertar-se

finn

mirar

ndaar

plorar

woy

amoixar

fiiy

pentinar

koomu

parlar

haal

comprendre

faam

demanar

naamdo

escoltar

hetto

beure

yar

menjar

ñaam

endreçar

habbu

estimar

yiɗ

cuinar

def

conduir

diirnu

volar

diw

navegar

awyu

calcular

lim

llegir

jangu

aprendre

jangu

treballar

liggo

casar-se

res

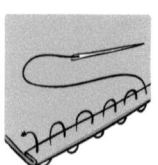

cosir

aaw

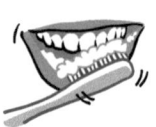

raspallar-se les dents

boris ñiïÿe

matar

war

fumar

simmo

enviar

neldu

iraaɗo debbo

avi
taaniraaɗo gorko

pare
baaba

mare
yumma

nadó
tiggu

filla
biɗɗo debbo

fill
biɗɗo gorko

convidat

koɗo

tia

gogo

oncle

kaawiraaɗo

germà

mawniraaɗo gorko

germana

mawniraaɗo debbo

cos

ɓandu

front
tiinde
ull
yitere
espatlla
walabo
dit
feɗeendu
cara
yeeso
barbeta
waare
mà
jungo
cama
korlal
pit
endu
braç
jungo

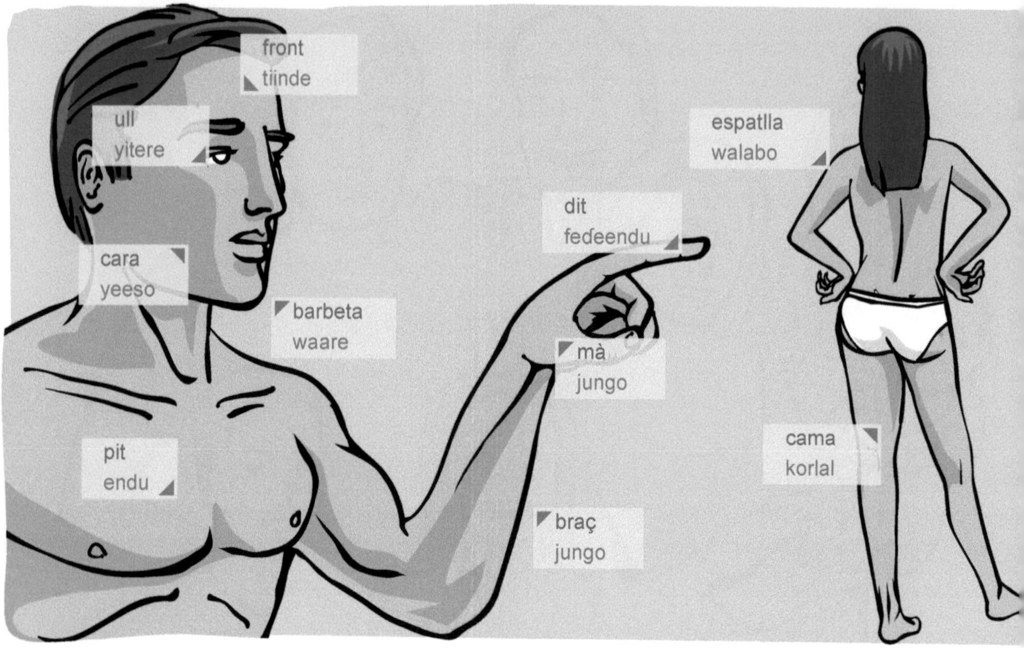

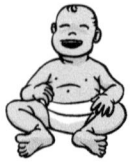

nadó

tiggu

home

gorko

dona

debbo

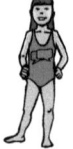

noia

debbo

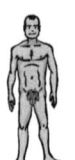

noi

gorko

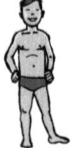

cap

hoore

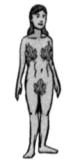

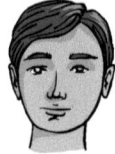

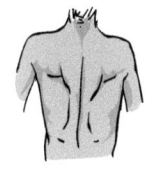

esquena

keeci

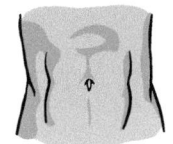

panxa

reedu

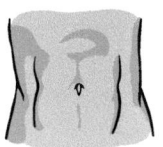

melic

wudduru

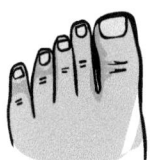

dit gros del peu

feɗeendu

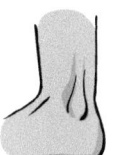

taló

njaaɓordi

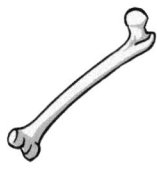

os

ŷiyal

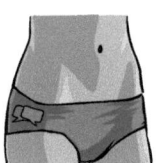

maluc

buhal

genoll

hofru

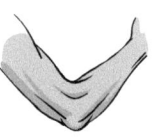

colze

fooŋturu

nas

hinere

cul

gaɗa

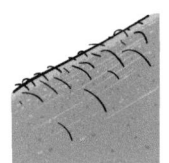

pell

nguru

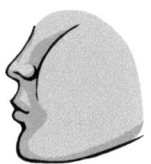

galta

aɓɓuko

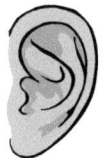

orella

nofru

llavi

tondu

boca
hunuko

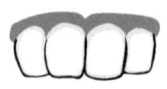

dent
ñiire

llengua
demngal

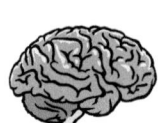

cervell
ngaandi

cor
bernde

múscul
ÿiye

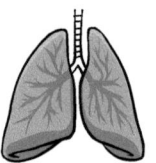

pulmó
jofe

fetge
heeñere

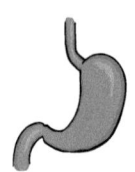

estómac
kuuse

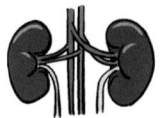

ronyó
booÿe

relació sexual
leldaade

preservatiu
kawasal

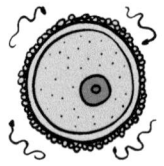

ovari
boccoonde

semen
maniiyu

prenyat
cowagol

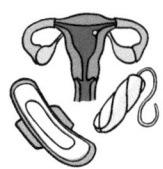

menstruació
....
ella

vagina
....
kottu

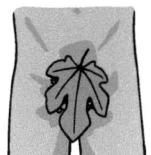

penis
....
soolde

cella
....
leeɓol yitere

cabells
....
sukundu

coll
....
daande

hospital
safrirdu

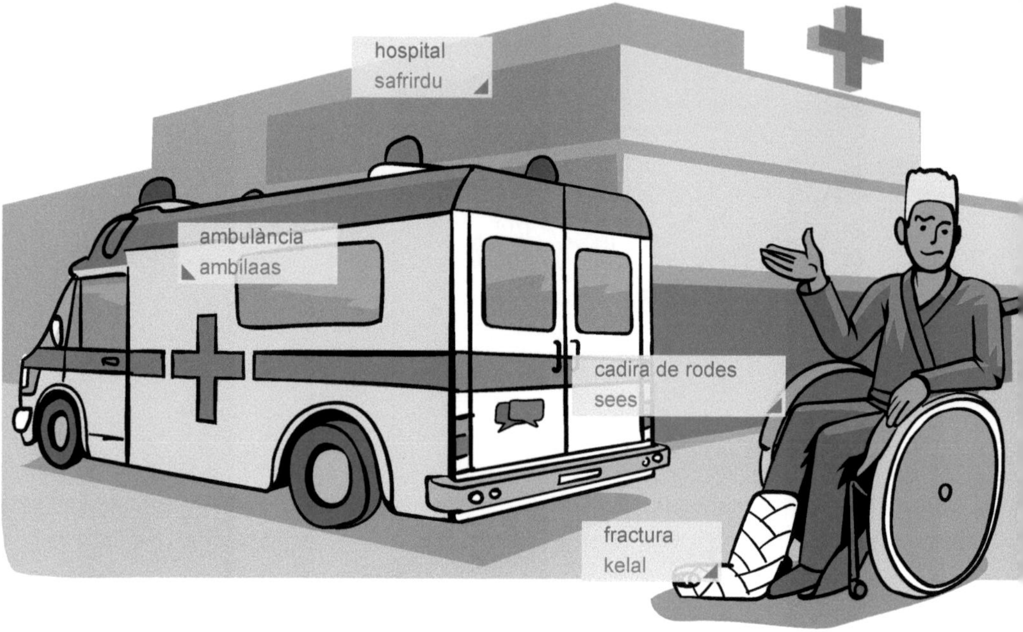

hospital
safrirdu
ambulància
ambilaas
cadira de rodes
sees
fractura
kelal

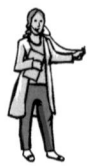

doctora

cafroowo

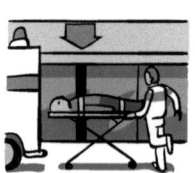

sala d'urgències

suudu heñaare

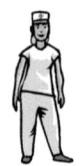

infermera

debbo cafroowo

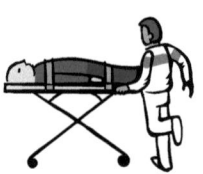

urgència

heñorde

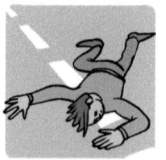

inconscient

wondaane hakkile

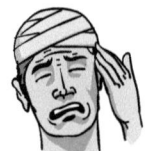

dolor

muuseeki

ferida

gaañande

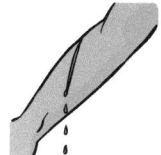

sagnament

tuɗde ÿiiÿam

atac de cor

muuseeki ɓernde

apoplexia

piigol

al·lèrgia

nefo

tos

ɗojjude

febre

ɓandu wulooru

gripa

pali

diarrea

ndogu reedu

mal de cap

hoore muusoore

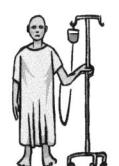

càncer

kaaseer

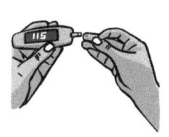

diabetis

jabett

cirurgià

oppiroowo

escalpel

jaggirdi

operació

oppeere

tomografia computada (TC), TAC
CT

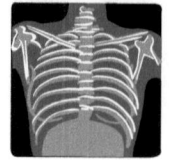

raigs x
buuɗi x

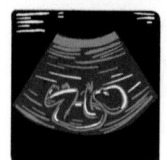

ultrasò
iltarasooŋ

mascareta
huurirdu yeeso

malaltia
rafi

sala d'espera
heblorde

crossa
beeke

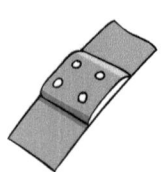

tireta
tabak

embenat
bandaas

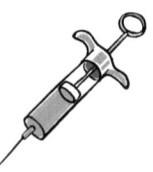

injecció
pinggu

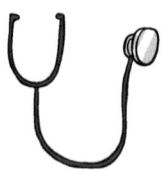

estetoscopi
estetoskop

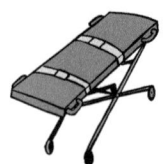

llitera
pooɗoowo

termòmetre clínic
termomeeter safrirdu

pariment
jibinande

sobrepès
buttiɗgol

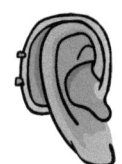

aparell auditiu

ballal nanirɗe

desinfectant

labɓinoowo

infecció

raaɓo

virus

wiriis

VIH / SIDA

SIDAA

medicina

lekki

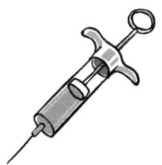

vaccí

ñakko

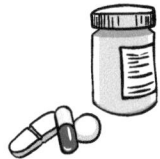

comprimits

poɗɗe

píl·lola

foɗɗere

trucada d'urgència

noddaango heñiingo

tensiòmetre

ÿeewtorde yaadu ÿiiyam

malalt / sà

faawŋi / selli

Socors!

Ballal

assalt

njangu

alarma

pindinoowo

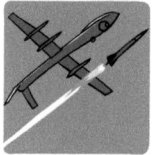

atac

raaŋande

perill

boomre

sortida-eixida d'urgència

yaltirde yaawnde

Foc!

Jeyngol

extintor

ñifoowo jeyngol

accident

aksida

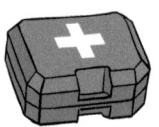

farmaciola de primers
auxilis

saawdu safaara gadano

SOS

SOS

policia

poliis

Europa

Orop

Amèrica del Nord

Amarik Rewo

Amèrica del Sud

Amarik Worgo

Àfrica

Afirik

Àsia

Aasi

Austràlia

Ostaraali

Atlàntic

Atalantik

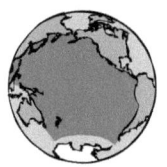

Pacífic

Pasifik

Oceà Índic

Maayo Endo

Oceà Antàrtic

Maayo Antarkatik

Oceà Àrtic

Maayo Arkatik

pol nord

Baŋe Rewo

pol sud
....
Baŋe Worgo

Antàrtida
....
Antarkatik

terra
....
Leydi

país
....
leydi

mar
....
maayo

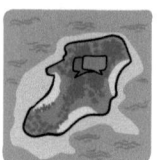

illa
....
siire

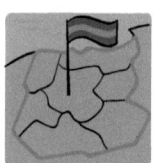

nació
....
wuro

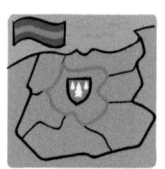

estat
....
laamu

quadrant

yeeso waktu

agulla de les hores

jungo waktu

agulla dels minuts

jungo hojoma

agulla dels segons

jungo majaango

Quina hora és?

hol waktu?

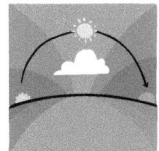

dia

ñalawma

temps

saha

ara

jooni

rellotge digital

mantoor nattoowo

minut

hojoma

hora

waktu

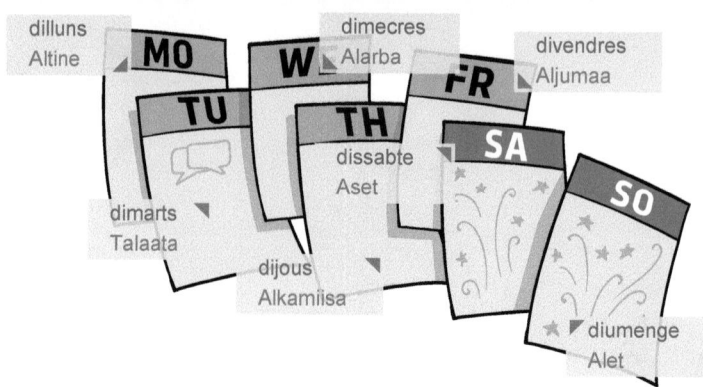

dilluns / Altine · dimecres / Alarba · divendres / Aljumaa · dimarts / Talaata · dissabte / Aset · dijous / Alkamiisa · diumenge / Alet

ahir
hanki

avui
hande

demà
jango

matí
subaka

migdia
ñalawma

tarda
kikiiɗe

MO	TU	WE	TH	FR	SA	SU
1	2	3	4	5	6	7
8	9	10	11	12	13	14
15	16	17	18	19	20	21
22	23	24	25	26	27	28
29	30	31	1	2	3	4

dia feiner
biir

MO	TU	WE	TH	FR	SA	SU
1	2	3	4	5	6	7
8	9	10	11	12	13	14
15	16	17	18	19	20	21
22	23	24	25	26	27	28
29	30	31	1	2	3	4

cap de setmana
ñaldi

any
hitaande

pluja
tobo
arc de Sant Martí
timtimol
neu
nees
vent
hendu
primavera
demminaare
tardor
ndunngu
estiu
ceedu
hivern
dabbunde

4.APRIL 11°
5.APRIL 4°
6.APRIL 13°
7.APRIL 8°
8.APRIL 10°

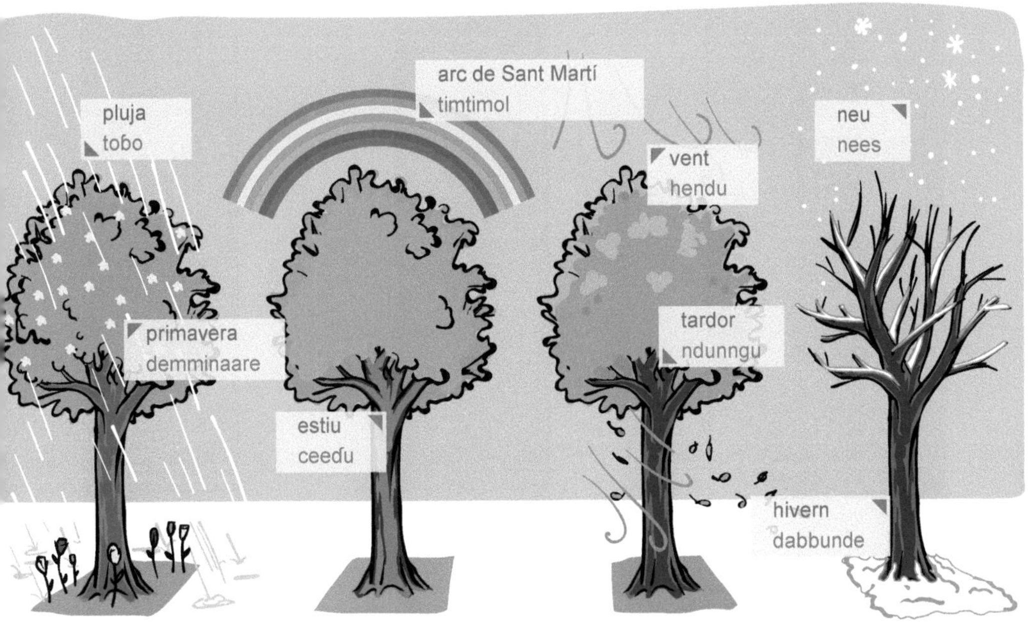

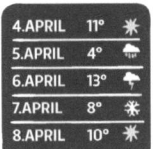

pronòstic del temps
kabaaru weeyo

F C
120 90 60 30 0 -30
40 30 20 10 0 -10 -20

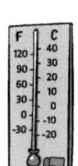

termòmetre
termomeeter

llum del sol
naaŋini

núvol
ruulde

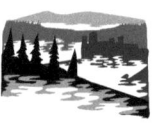

boira
cuurki

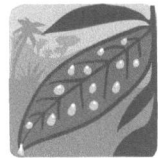

humiditat de l'aire
uddeende

llamp
majje

tro
gidaango

tempesta
hendu

calamarsa
huɗɗni

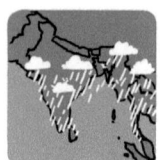

monsó
ruulɗîni

inundació
waame

gel
nees

gener
Siilo

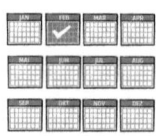

febrer
Colte

març
Mbooy

abril
Seeɗto

maig
Duuyal

juny
Korse

juliol
Morse

agost
Juko

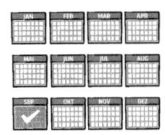

setembre
....
Siilto

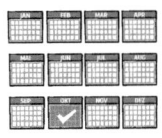

octubre
....
Yarkoma

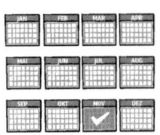

novembre
....
Jolal

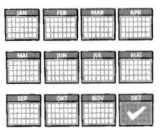

desembre
....
Bowte

formes
balli

cercle
....
taarto

quadrat
....
yaajeendi

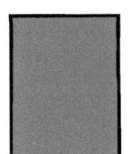

rectangle
....
yaajo

triangle
....
saraandi

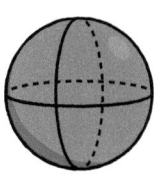

esfera
....
mbiifu

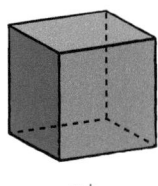

cub
....
kiibb

blanc

daneejo

groc

oolo

taronja

oraas

rosa

roos

vermell

bodeejo

lila

mboongu

blau

bulaajo

verd

werte

marró

cooyo

gris

puro

negre

baleejo

molt / poc

heewi / seeɗa

emprenyat / tranquil

seki / deeyi

bonic / lleig

yooɗi / soofi

començament / fi

fuuɗorde / gasirde

gran / petit

mawɗo / tokooso

clar / fosc

leeri / niɓɓiɗi

germà / germana

maniraaɗo / miñiraaɗo

net / brut

laaɓi / tunwi

complet / incomplet

timmi / manki

dia / nit

ñalawma / jamma

mort / viu

maayi / wuuri

ample / estret

yaaji / faaɗi

comestible / immenjable

nano / nanotaako

dolent / amable

boni / moÿÿi

entusiasmat / entediat

softi / yoomi

gros / prim

ɓuttidî / sewi

primer / darrer

adi / wattindi

amic / enemic

sehil / gaño

ple / buit

heewi / ɓoldî

dur / tou

muusi / weeɓi

pesant / lleuger

teddi / hoyi

gana / set

heege / ɗomka

malalt / sà

faawŋi / selli

il·legal / legal

wona laawol / laawol

intel·ligent / ximple

feerti / muddidî

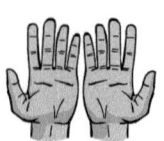

esquerra / dreta

nano / ñaamo

prop / llunyà

ɓatti / woɗɗi

nou / usat

keso / kiiɗɗo

res / quelcom

ndiga / huunde

vell / jove

nayeejo / suka

encès / apagat

huɓɓi / ñifii

obert / tancat

uditi / uddii

silenciós / sorollós

deeÿi / dille

ric / pobre

alɗi / waasi

correcte / incorrecte

goonga / fenaande

aspre / suau

tiiɗi / nooyi

trist / content

metti / weli

curt / llarg

raɓɓiɗi / juuti

lent / ràpid

leeli / yaawi

humit / sec - eixut

leppi / yoori

calent / fred

wuli / ɓuuɓi

guerra / pau

hare / jam

0

zero

ndiga

1

u

gooto

2

dos

ɗiɗi

3

tres

tati

4

quatre

nay

5

cinc

joy

6

sis

jeegom

7

set

jeeɗiɗi

8

vuit

jeetati

9

nou

jeenay

10

deu

sappo

11

onze

sappoy goo

12

dotze

sappoy ɗiɗi

13

tretze

sappoy tati

14

catorze

sappoy nay

15

quinze

sappoy joy

16

setze

sappoy jeegom

17

disset

sappoy jeeɗiɗi

18

divuit

sappoy jeetati

19

dinou

sappoy jeenay

20

vint

noogaas

100

cent

teemedere

1.000

mil

ujunere

1.000.000

milió

miliyooŋ

anglès

Aŋale

anglès americà

Aŋale Amarik

xinès mandarí

Mandare Siinaaɓe

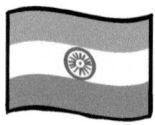

hindi

Hindi

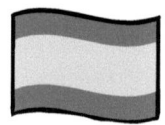

espanyol

Españool

francès

Farayse

àrab

Arab

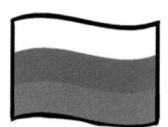

rus

Riis

portuguès

Portigees

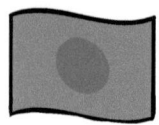

bengalí

Bengali

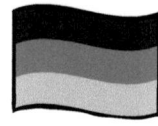

alemany

Almaa

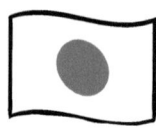

japonès

Sapponee

jo

miin

tu

an

ell / ella / allò

kanko / kanko / kanum

nosaltres

minen

vosaltres

onon

ells

kamɓe

qui?

holoon?

què?

holɗuum?

com?

holnoon?

on?

holtoon?

quan?

mande?

nom

inde

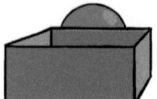

darrere

caggal

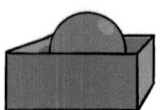

en

nder

davant de

sawndo

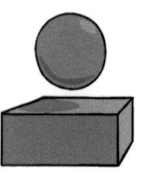

damunt

dow

sobre

e

sota

les

al costat

sara

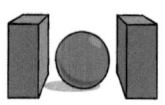

entre

hakkunde

lloc

nokku